DIESES BUCH GEHÖRT

..........................

..........................

Duden

# Dein Lesestart

# UMWELT

LENA MELTINGER

Dudenverlag
Berlin

# LERNE DIE UMWELT ZU SCHÜTZEN!

Auf der ganzen Welt braucht die Umwelt mehr Schutz, damit wir weiterhin auf dieser einzigartigen Erde leben können.
Was ist schon getan worden und was muss noch verändert werden?
Was kannst du selbst tun, um die Erde zu schützen, und wie gelingt es uns allen zusammen? Das erfährst du in diesem Buch.

# INHALT

# DIE WELT UM

# UNS HERUM

# WAS IST UMWELT?

Egal ob es um Autos, Flugzeuge, Plastik oder Windräder geht – von der Umwelt ist oft die Rede. Aber was ist eigentlich diese Umwelt? Umwelt, das sind die Luft, der Boden, das Wasser und alle Lebewesen in unserer Umgebung. Wir brauchen die Luft zum Atmen, das Wasser zum Trinken, Nahrung zum Essen und andere Menschen, um nicht allein zu sein. Ohne unsere Umwelt können wir nicht leben.

**DAS PLASTIK**
Kunststoff, der meist aus Erdöl hergestellt wird und sich in der Natur nur sehr langsam zersetzt.

**LEBEWESEN**
sind sowohl Menschen als auch Tiere und Pflanzen.

# VERSCHMUTZTE UMWELT

Seit ungefähr **200 Jahren** verschmutzen die Menschen ihre Umwelt sehr stark durch Fabriken, Verkehr, Heizungen und Kraftwerke. Außerdem leben immer mehr Menschen auf der Erde und belasten die Umwelt. **Umweltverschmutzung** ist inzwischen überall zu finden: auf dem tiefsten Meeresboden ebenso wie in den obersten Luftschichten der Erde.

**VOR 200 JAHREN** entstanden bei uns die ersten großen Fabriken. Um Umweltschutz kümmerte sich damals kaum jemand.

Wenn Stoffe in die Umwelt geraten, die der Natur schaden, nennen wir das **UMWELTVERSCHMUTZUNG.**

# WAS IST KLIMA?

Klima ist nicht das Gleiche wie Wetter. Das Klima sagt uns, wie warm oder kalt, nass oder trocken es in einer Gegend meistens ist. Rund um den Nordpol liegt zum Beispiel immer Schnee. Am Äquator ist es immer warm. Vom Klima hängt auch ab, welche Pflanzen oder Tiere in einer Gegend leben. In Deutschland wachsen keine Bananen, und in der Wüste Sahara leben keine Eisbären.

**DER ÄQUATOR**
Das sprichst du „Ekwator“. Er ist die Grenze zwischen der Nordhalbkugel und der Südhalbkugel der Erde.

**DAS KLIMA**
Bei uns herrscht gemäßigtes Klima: Im Sommer ist es warm und im Winter nur sehr selten so kalt, dass die Seen zufrieren.

# KLIMAWANDEL

Zurzeit ändert sich das Klima.

Die Luft und die Meere werden wärmer.

Und zwar überall auf der Erde. Schon jetzt ist es durchschnittlich etwa 1 Grad wärmer als vor 100 Jahren. 1 Grad klingt nicht nach viel. Aber beim Klima haben kleine Veränderungen große Folgen. Zum Beispiel gibt es deshalb immer mehr Dürren, Überschwemmungen und Stürme.

Wenn es so wenig regnet, dass die Pflanzen vertrocknen, herrscht **DÜRRE.**

**DIE ÜBERSCHWEMMUNG** ist das Gegenteil von Dürre: Es fällt plötzlich viel zu viel Regen und alles steht unter Wasser.

# WARUM WIRD DIE ERDE WÄRMER?

Das liegt an den Abgasen, die die Menschen in die Luft pusten. Vor allem am Kohlendioxid. Das kann auch so geschrieben werden: $CO_2$. Dieses Gas wirkt wie eine Fensterscheibe in einem Gewächshaus: Es lässt die Wärme der Sonnenstrahlen zwar herein, aber nicht mehr raus ins Weltall. Dadurch wird es auf der Erde immer wärmer.

**KOHLENDIOXID**
ist ein farbloses und geruchloses Gas.

**$CO_2$**
spricht man „Ze O zwei" aus.

# WOHER KOMMT DAS GANZE $CO_2$?

$CO_2$ kommt auch ohne Menschen in der Natur vor. Menschen und Tiere geben es in die Luft ab. Pflanzen und Meere nehmen es auf. Das ist ein natürlicher Kreislauf. Ein Problem gibt es erst, seitdem wir sehr viel Holz, Erdöl, Erdgas und Kohle verbrennen. Denn dabei gerät viel mehr $CO_2$ in die Luft, als Pflanzen und Meer aufnehmen können. Deswegen wird es immer wärmer.

**DIE PFLANZEN** nehmen das $CO_2$ über ihre Blätter auf.

**ERDÖL, ERDGAS UND KOHLE** gehören zu den sogenannten Rohstoffen. Sie enthalten Kohlenstoff, aus dem bei der Verbrennung $CO_2$ wird.

Super gelesen

# AUF ZUM RÄTSELSPAß!

## 1. Was steht hier?

 die  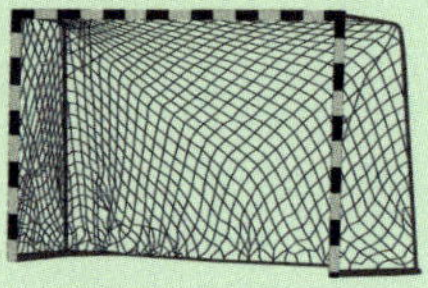

1 = SCH ~~3~~, ~~4~~, ~~5~~, 6, ~~7~~ 2=U

_ _ _ _ _ _ _ die _ _ _ _ _

## 2. Das Kreuzworträtsel

Das Gegenteil von warm →

So nennen wir Tiere, Pflanzen, Wasser, Luft und Erde ums uns herum. ←

Lebt nicht in der Sahara →

← ist das Gegenteil von kalt.

Gelbe Frucht, die nicht in Deutschland wächst →

Lösungswort

## 3. Wofür steht die Abkürzung $CO_2$?

a) ☐ Eine Partei: Chaotische Organisation 2

b) ☐ Eine Krankheit: Chronische Okklusion, Typ 2

c) ☐ Ein Gas: Kohlendioxid

d) ☐ Eine Flüssigkeit: Cola

## 4. Hier hat sich ein Fehler eingeschlichen! Welche Aussage ist falsch?

Durch den Klimawandel …

a) ☐ … wird es immer wärmer.

b) ☐ … gibt es häufiger Überschwemmungen.

c) ☐ … ist seltener Vollmond.

d) ☐ … gibt es heftigere Stürme.

Lösungen: 1. Schütze die Natur; 2. a) kalt, b) Umwelt, c) Eisbär, d) warm, e) Banane. Lösungswort: Klima
3. Antwort c) Ein Gas: Kohlendioxid; 4. c) ist falsch.

# UMWELTSCHUTZ

# VOR DEINER TÜR

# ESSEN, TRINKEN UND DIE UMWELT

Essen und Trinken müssen wir alle.

Aber was hat das mit der Umwelt zu tun?

Eine ganze Menge: Denn wir kaufen unsere Lebensmittel ja ein.

Und im Supermarkt gibt es Verpackungen aus Glas, Metall, Papier und Plastik.

Diese Verpackungen landen früher oder später im Müll.

Spätestens da kommt die Umwelt ins Spiel.

**GUTE IDEE!**
Müll gehört nicht in die Natur, sondern immer in einen Mülleimer.

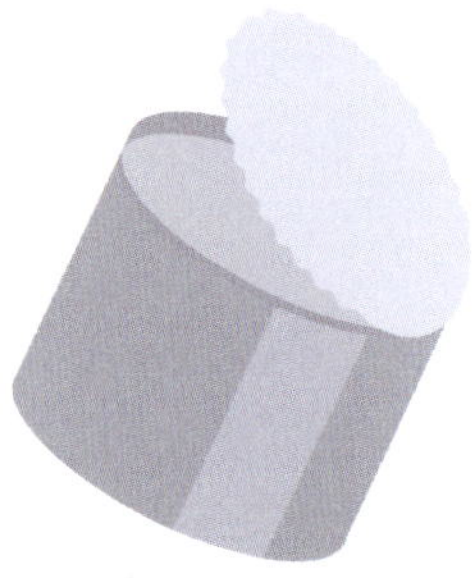

220 Kilo **VERPACKUNGEN** wirft jeder Bürger im Durchschnitt in Deutschland in den Müll. Jedes Jahr.

Denn der Müll muss ja irgendwohin.
Aus Altglas, altem Blech von Dosen
und Altpapier kann man neues Glas,
neues Blech und neues Papier herstellen.
Das geht aber nur, wenn wir den Müll **sortieren**,
bevor er in die Tonne wandert. Noch besser
ist es, erst gar keinen Müll zu machen.
Also Getränke in Flaschen zu kaufen,
die wiederverwertet werden können,
oder Obst und Gemüse ohne Verpackung
auf dem Markt zu kaufen.

**GUTE IDEE**
Unverpackt-Läden verkaufen Lebensmittel ohne Verpackung. Das Vorratsglas für deine Nudeln bringst du einfach mit. Müll entsteht dabei nicht.

**SORTIEREN**
nennt man auch ordnen, zum Beispiel nach Art, Farbe oder Größe.

## UNTERWEGS

Auch auf dem Weg zur Schule

können wir die Umwelt schonen.

Es ist sehr bequem, sich mit dem

Auto bringen zu lassen.

Umweltfreundlich ist das leider nicht.

Denn durch Abgase wird die Luft verschmutzt.

Damit tragen auch sie zum Klimawandel bei.

**DIE ABGASE**
Das Gas, das aus dem Auspuff kommt, heißt Abgas.

**DIE LUFTVERSCHMUTZUNG**
ist vor allem in großen Städten ein Problem.

# OHNE ABGAS

Elektroautos stoßen keine Abgase aus.
Aber auch sie haben Nachteile:
Um ihre Batterien zu bauen, wird die Umwelt stark belastet. Auch der Strom für die Autos kommt nicht einfach so aus der Steckdose, sondern muss erst erzeugt werden.
Mit dem Fahrrad oder zu Fuß sind wir umweltfreundlicher unterwegs.
Gemeinsam mit einer Freundin oder einem Freund macht der Fußweg zur Schule richtig Spaß.

**DIE ELEKTROAUTOS**
fahren mit Elektromotoren. Den Strom speichern sie in großen Batterien.

**ERZEUGEN**
bedeutet herstellen, hervorbringen.

# WOHNEN UND UMWELT

Zum Wohnen brauchen wir ein Haus oder eine Wohnung.

Wenn es kalt ist, drehen wir die Heizung auf.

Schließlich wollen wir nicht frieren.

Die Heizungen in vielen Häusern verbrennen Öl oder Gas.

Dabei gelangen schädliche Abgase durch den Schornstein in die Luft.

**GUTE IDEE!**
Beim kurzen Stoßlüften mit weit geöffneten Fenstern verliert ein Raum weniger Wärme als beim Dauerlüften mit dem Fenster auf Kipp.

**FRIEREN**
soll keiner. Aber wenn du bei Kälte im Haus einen Pullover anziehst und dafür die Heizung runterdrehst, ist das gut für die Umwelt.

**DIE HEIZUNGEN**
stoßen mehr Abgas aus, wenn sie höher gedreht sind. Wer sein Haus gut isoliert, muss weniger heizen und schont dadurch die Umwelt.

## HAUS OHNE HEIZUNG

Es gibt Häuser ohne Heizung: Passivhäuser.
Sie sind nach Süden ausgerichtet.
So kann die Sonne das Haus heizen.
Außerdem sind Wände und Fenster
so gut isoliert, dass die Wärme drinnen bleibt.
Solarzellen auf dem Dach erzeugen Strom.
Für warmes Wasser sorgt die Sonne,
die auf Kollektoren scheint.

**DIE PASSIVHÄUSER**
Die Temperatur in einem Passivhaus ändert sich nur sehr langsam.

Wenn etwas **ISOLIERT** ist, ist es sozusagen gut eingepackt.

# TIERE IN DER STADT

In jeder Stadt leben Tiere und Pflanzen.

Aber je mehr Flächen wir zubauen, desto weniger Platz bleibt, und sie finden weniger Nahrung.

Wir können ihnen helfen: Wir können Nistkästen für Vögel aufhängen und Insektenhotels für Bienen und Hummeln aufstellen.

**DIE NISTKÄSTEN**
Darin bauen Vögel Nester für ihre Jungen.

**INSEKTENHOTELS**
nennt man Kästen, in denen Insekten wohnen und sich vermehren können.

## ES SUMMT UND BRUMMT

Wenn im Sommer die Blüten und Blumen ihre schönsten Farben zeigen, beginnt die Arbeit für die Bienen. Sie fliegen von Blüte zu Blüte, um den Nektar einzusammeln. Daraus machen sie in ihrem **Bienenstock** Honig. Ganz nebenbei **bestäuben** sie so auch Bäume und Blumen. Ohne Bienen würde ein Apfelbaum keine Früchte tragen – und wir hätten keine Äpfel. Ohne die Pollen anderer Blüten würden keine Früchte wachsen.

**DER BIENENSTOCK**
ist das Haus, in dem alle Bienen aus einer Familie wohnen.

**BESTÄUBEN**
Beim Sammeln von Nektar bleiben Pollen an der Biene kleben. Die Pollen werden an der nächsten Blüte abgestreift.

# WARUM GEHT ES DEN BIENEN SCHLECHT?

Es gibt zwei Gründe, warum das Leben für die Bienen schwer ist. Die Menschen brauchen riesige **Felder** für die Landwirtschaft. Bienen, Schmetterlinge und andere **Insekten** brauchen aber Wiesen mit vielen unterschiedlichen Blumen. Du kannst ihnen helfen, wenn du im Garten oder auf dem Balkon Blumen pflanzt, die nützlich für die Bienen sind.

**GUTE IDEE!**

Sonnenblumen oder Kräuter wie Thymian sind nützlich für Bienen. Du kannst sie sogar in einem Blumentopf wachsen lassen.

**DIE FELDER**
mit Mais, Getreide oder Kartoffeln sind für Bienen nutzlos.

**DIE INSEKTEN**
sind auch Nahrung für andere Tiere, beispielsweise für Vögel.

# RETTE INSEKTEN!

Hast du Angst vor Hummeln? Oder vor Wespen, weil sie dich stechen können? Aber all diese Brummer sind nützlich und notwendig. Also nimm dir ein Glas und eine Postkarte, fang sie ein und lass sie draußen wieder frei, wenn sie sich in die Wohnung verirrt haben.

**DIE WESPE**
Beutetiere der Wespe sind Fliegen, Blattläuse und Raupen.

**BRUMMER**
ist ein anderes Wort für „Insekten“. Warum nennt man sie wohl so?

Super gelesen

# AUF ZUM RÄTSELSPAß!

ÜEWORURZTHFHHKGJFIJJ
ASDFDUMWELTSCHUTZ
AWERWRQQEPRPRP
ÜÖLOKIJFJNDHEB

1. Welches lange Wort steckt im Buchstabensalat?

2. Ein Kasten, in dem Vögel ihre Nester bauen können, heißt

a) Mistkasten

b) Nistkasten

c) Nest

d) Vogelhaus

## 3. Aus welchem Material sind die Spielzeugtiere wohl gemacht?

Für die Antwort schreibe jeweils den Anfangsbuchstaben des Tieres auf!

1 2 3 4 5 6 7

## 4. Welche zwei Tiere sind hier gesucht?

Das erste Tier ist ein Insekt, das Blumenwiesen mag.

Von dem zweiten Tier bekommen wir den Honig.

Setze die Silben richtig zusammen!

Lösungen: 1. Umweltschutz; 2. b) Nistkasten; 3. Plastik; 4. Hummel, Biene

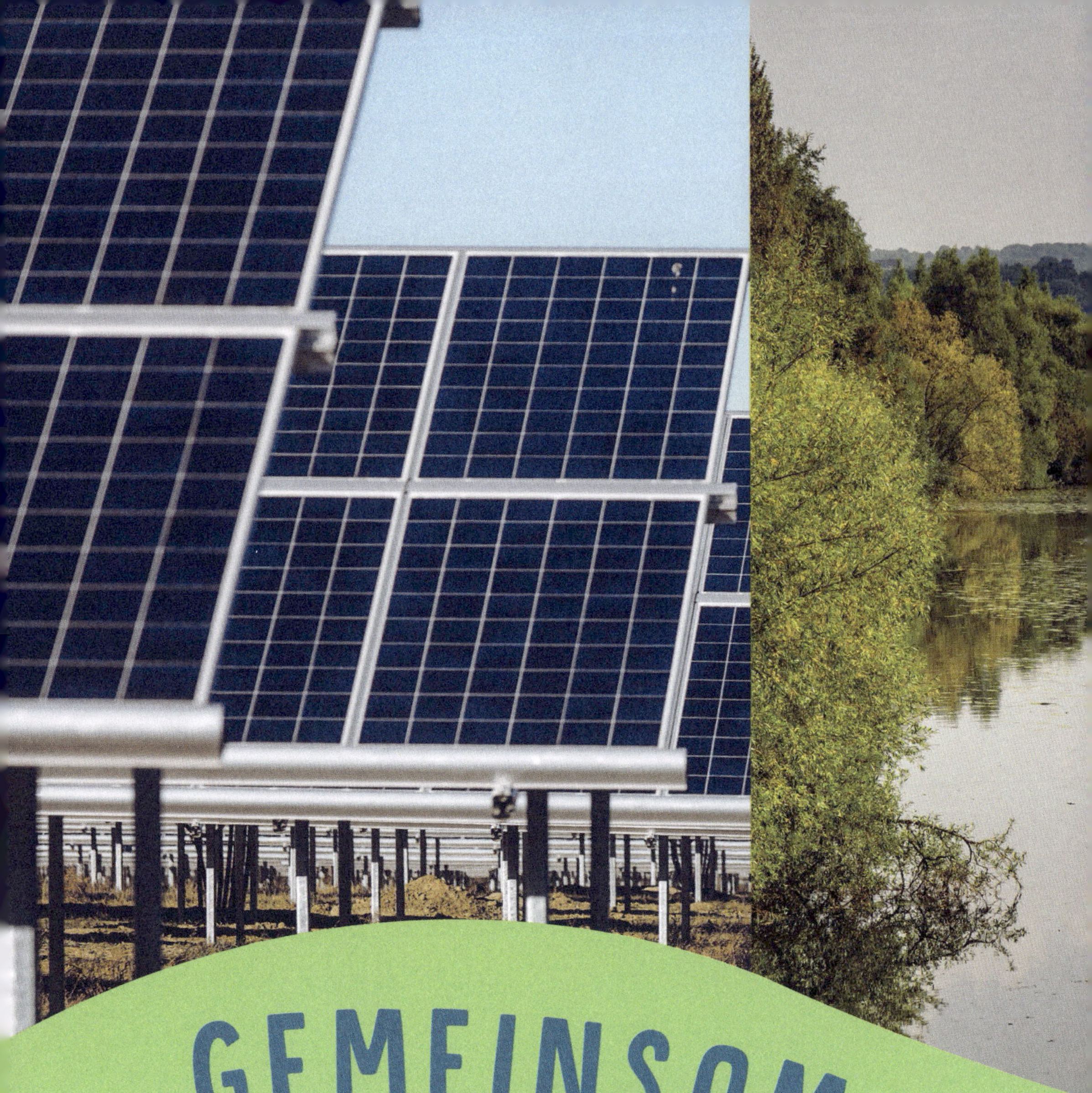

# GEMEINSAM FÜR

# UNSERE UMWELT

# LICHT AN!

Strom ist eine prima Sache.

Er liefert Energie für viele Geräte und Maschinen.

Unser Leben ist durch Strom sehr angenehm:

Wir können mit ihm kochen, die Straßen bei Nacht beleuchten und Straßenbahnen und Züge fahren lassen.

Wenn der Strom ausfällt, geht nichts mehr:

Keine Heizung, kein Licht, kein Herd, keine Mikrowelle, kein Internet, kein Telefon, kein Geldautomat, keine Tankstelle.

Was fällt dir noch ein?

**DIE ENERGIE**
wird benötigt, damit ein Gerät arbeitet.

**BELEUCHTEN**
Die großen Städte bei uns leuchten nachts so hell, dass es sogar aus dem Weltall zu sehen ist.

# TIPPS ZUM STROMSPAREN

Gibt es bei euch in der Wohnung noch Glühlampen? Mach dich auf die Suche! LED-Lampen verbrauchen weniger Strom und halten viel länger als die alten Glühbirnen. Viele elektrische Geräte haben einen sogenannten Stand-by-Modus. Oft leuchtet dann noch ein rotes Lämpchen. So lässt sich zum Beispiel der Fernseher zwar schneller starten, aber er verbraucht unnötig Strom. Also alles richtig ausschalten oder den Stecker ziehen.

**LEDS**
sind winzig kleine Elektronik-Chips, die Licht erzeugen können.

In der **WOHNUNG** kannst du Strom sparen, indem du das Licht ausschaltest, wenn du einen Raum verlässt.

# KOHLE, GAS UND ATOMKRAFT

Strom wird in Kraftwerken erzeugt.
Sie verbrennen Kohle, Erdgas oder Erdöl und erzeugen dadurch Dampf. Dieser treibt große Maschinen an, die Strom herstellen.
Aber diese Anlagen stoßen sehr viel $CO_2$ aus.
Auch Atomkraftwerke liefern Strom. Weil ihre radioaktive Strahlung aber zu gefährlich ist, werden sie in den nächsten Jahren abgeschaltet.

**RADIOAKTIVE STRAHLEN**
Menschen und Tiere, die zu viel dieser unsichtbaren Strahlen abkriegen, können sehr krank werden oder sogar sterben.

**GEFÄHRLICH**
ist auch der strahlende Atommüll aus den Atomkraftwerken. Niemand weiß, wo man diesen Müll sicher lagern kann.

## WASSER, WIND UND SONNE

Windkraftanlagen erzeugen Strom ohne Abgase und ohne giftigen Müll. Aber nur, wenn der Wind weht. Wasserkraftwerke verwandeln die Kraft des Wassers in Strom. Dafür werden große Stauseen angelegt, die das Wasser aufstauen.

**GUTE IDEE!**
Wind, Wasser und Sonne sind erneuerbare Energien, weil wir sie immer wieder nutzen können.

**DER WIND**
weht besonders stark am Meer. Darum stehen dort viele Windräder.

# DER SALAT, DIE SCHNECKEN UND DIE UMWELT

In der modernen Landwirtschaft sorgt Dünger dafür, dass Pflanzen besser wachsen. So können sich bäuerliche Betriebe sicher sein, dass es eine gute Ernte gibt.
Die Pflanzen werden außerdem mit Pestiziden besprüht, damit Käfer und Schnecken sie nicht fressen. Das ist leider auch für die Umwelt schädlich.

**IM DÜNGER**
sind Nährstoffe,
die in der Erde fehlen.

**PESTIZIDE**
sind künstlich hergestellte Giftstoffe gegen bestimmte Pflanzen und Tiere. Sie sind für Biobauern verboten.

# ÖKOLOGISCHE LANDWIRTSCHAFT

Die ökologische Landwirtschaft setzt weniger Dünger und keine Pestizide ein. Außerdem säen die Biobauern Blühstreifen am Feldrand. Dort können Vögel und Insekten leben. Diese Art der Landwirtschaft hat aber auch einen Nachteil: Die Ernten sind nicht so groß. Die Lebensmittel sind darum teurer.

**ÖKOLOGISCHE LANDWIRTSCHAFT**
Dünger, die Wasser und Boden besonders belasten, sind hier nicht erlaubt.

**DIE BLÜHSTREIFEN**
sind schmale Bereiche am Rand des Felds, auf denen viele verschiedene Blumen blühen.

# DIE UMWELT UND DAS KLO

Früher wurde das schmutzige Wasser aus den Häusern und Fabriken in die Flüsse geleitet. Heute wird das Abwasser durch dicke unterirdische Rohre in ein Klärwerk gepumpt. Dort wird es so lange gefiltert, bis es wieder ganz sauber ist. Dann kann es wieder in die Natur zurück.

**GUTE IDEE!**
Für einen Euro bekommst du etwa zwei Liter Mineralwasser, aber 200 Liter Leitungswasser.

**GUTE IDEE**
Weißt du, wie lange du unter der Dusche stehst? Stopp doch das nächste Mal die Zeit. Wenn du kürzer als 5 Minuten duschst, kannst du viel Wasser sparen.

# WOHIN MIT DEM MÜLL?

Der größte Teil des Mülls wird verbrannt, nachdem er vorher gesammelt wurde. Beim Verbrennen können sich gefährliche Gase bilden. Deswegen braucht der Schornstein einen Filter.

Es entsteht dabei aber auch Wärme. Diese kann genutzt werden, um Häuser zu heizen.

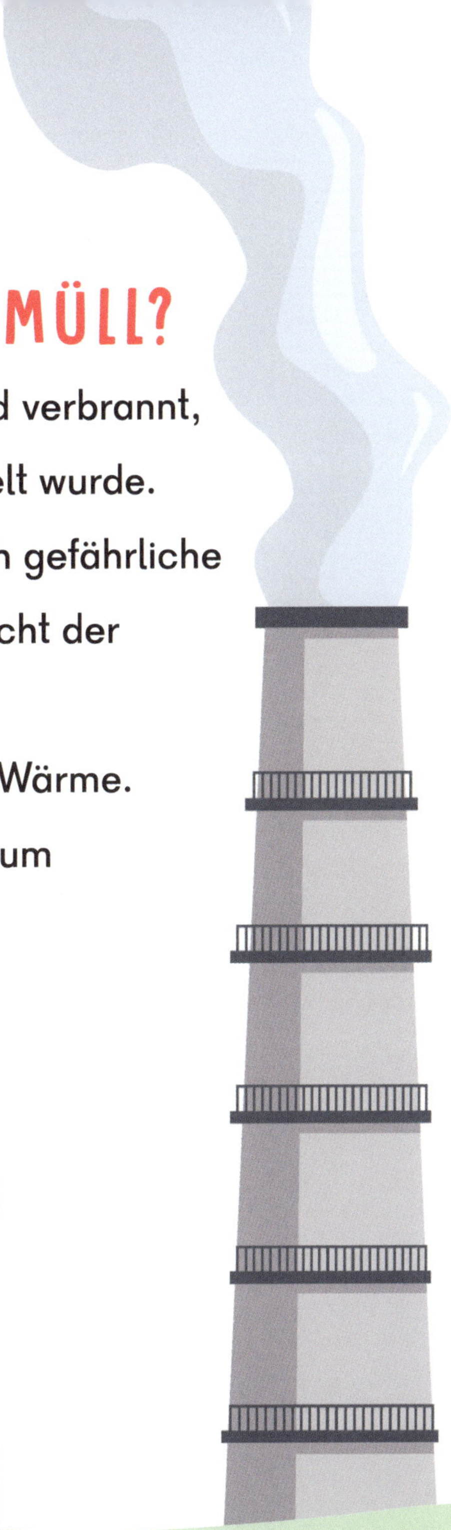

**GUTE IDEE!**

Aus weggeworfenem Papier, Glas, Plastik und Metall können neue Dinge hergestellt werden. Das ist Recycling.

Auch Kleider können wiederverwendet werden.

Super gelesen

# AUF ZUM RÄTSELSPAß!

1. Welche Wörter in der linken Spalte passen mit denen in der rechten Spalte zusammen? Verbinde!

| | |
|---|---|
| SCHMUTZ | STREIFEN |
| UMWELT | WERK |
| BLÜH | FREUNDLICH |
| KRAFT | WASSER |

2. Nimm die Anfangsbuchstaben der abgebildeten Tiere. Sortiere diese Buchstaben zum Lösungswort. Das entsteht, wenn Wind das Windrad antreibt!

3. Welche Wörter im Wortsalat haben nichts mit der Umwelt zu tun? Kreise sie ein!

4. Die ökologische Landwirtschaft hat auch einen Nachteil. Welchen?

a) ☐ **Bio-Bauern verwenden nur wenig Dünger.**

b) ☐ **Ohne Pestizide gibt es mehr Insekten.**

c) ☐ **Bio-Bauern dürfen nur mit dem Fahrrad aufs Feld fahren.**

d) ☐ **Bio-Lebensmittel sind teurer.**

Lösungen: 1. Schmutzwasser, Blühstreifen, Kraftwerk, umweltfreundlich; 2. Strom; 3. Klavier, Suppenschüssel, Sternschnuppe; 4. d) Bio-Lebensmittel sind teurer.

UNSERE

# NACHBARLÄNDER

# HALLO NACHBAR!

Tiere und Pflanzen interessieren sich nicht für Ländergrenzen. Um die Natur zu schützen, müssen Nachbarländer zusammenarbeiten. Das gilt in den Alpen genauso wie rund um die Nordsee und die Ostsee. Nur so können wir die Natur schützen. Und das lohnt sich: Manche Tiere, die bei uns fast ausgestorben waren, kommen sogar zurück!



**DIE NACHBARLÄNDER**

Das Wattenmeer in der Nordsee wird von drei Nachbarländern gemeinsam geschützt: von Dänemark, Deutschland und den Niederlanden.

**DIE ALPEN**

sind das Gebirge mit den höchsten Bergen Europas. Zu den Alpenländern gehören: Deutschland, Frankreich, Italien, Monaco, Österreich, die Schweiz und Slowenien.

# DIE WÖLFE

Wölfe waren in Deutschland ausgerottet. Inzwischen ist es in ganz Europa verboten, Wölfe zu jagen.

Das hat sich gelohnt: Jetzt leben in vielen europäischen Ländern wieder Wölfe.

Die Besitzer von Schafen und Ziegen müssen in Wolfsgegenden ihre Tiere darum mit speziellen Zäunen schützen.

**DIE WÖLFE**
sind zwar Raubtiere, aber für Menschen nicht so gefährlich wie im Märchen. Sie sind nämlich ziemlich scheu.

**DIE ZÄUNE**
Wolfsschutzzäune sind höher als normale Weidezäune. Durch sie fließt Strom.

# DIE FISCHE UND DIE FISCHEREI

In der Nordsee und in der Ostsee leben jede Menge Fische. Aber viele Fischarten sind bedroht. Und zwar von uns Menschen, weil Boote mit riesigen Netzen zu viele Fische fangen. Wenn die Fischer mit ihren Netzen alle Heringe aus den Meeren ziehen, gibt es im nächsten Jahr keine neuen mehr.

**DIE NETZE**
werden von einem oder mehreren Schiffen durch das Wasser gezogen.

**DIE HERINGE**
und andere Fischarten sind auch durch den Klimawandel bedroht: Sie vertragen das wärmere Wasser nicht.

Die Lösung ist einfach: Wir müssen absprechen, wie viele Fische einer Art in einem Jahr gefangen werden dürfen. Diese Regeln müssen für alle gelten, die in einem Meer fischen. Denn was nützt es dem Hering, wenn er von dänischen Fischern nicht gefangen werden darf, dafür aber in deutschen oder schwedischen Netzen landet?

**WIE VIEL DÜRFEN WIR FISCHEN?**
Das handeln in Europa Politikerinnen und Politiker verschiedener Länder aus.

**DIE ART**
In der Nordsee leben etwa 250 verschiedene Fischarten. Davon sind etwa 40 Arten vom Aussterben bedroht.

# PROBLEM: MIKROPLASTIK

Mikroplastik nennt man besonders kleine Plastikteilchen. Sie entstehen, wenn Plastik nach und nach zerfällt oder zerrieben wird. Plastik bleibt sehr, sehr lange in der Umwelt. Natürliche Materialien wie Baumwolle oder Papier verrotten nach wenigen Monaten. Eine Plastikflasche braucht jedoch bis zu 450 Jahre, bis sie zerfallen ist.

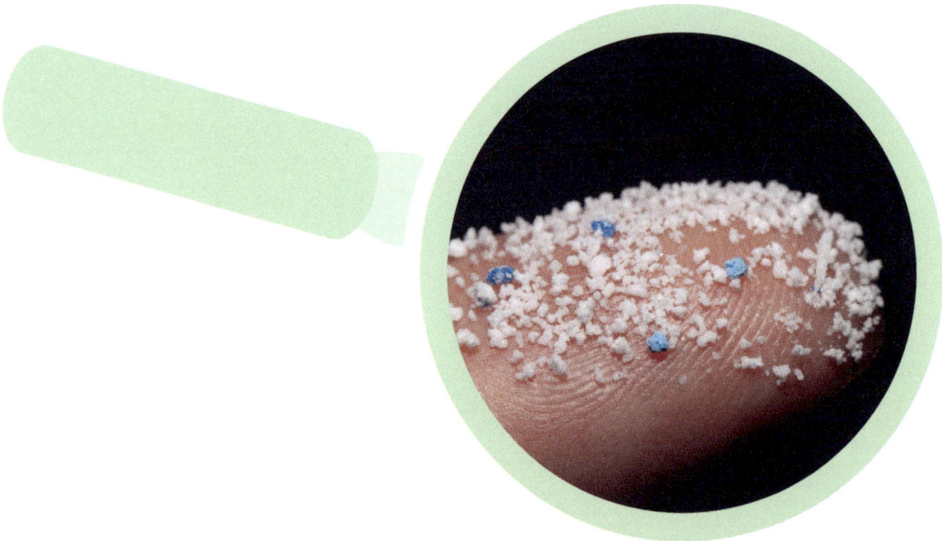



**MIKRO**
ist das griechische Wort für klein.

**ZERRIEBEN**
wird ein bisschen vom Gummireifen, wenn ein Auto fährt. Durch den Verkehr entsteht viel Mikroplastik.

Deshalb ist es so wichtig, Plastikmüll nicht in der Natur zu lassen. Denn sonst gelangt er in unsere Gewässer und in die Meere – über alle Grenzen hinweg. Fische nehmen das Mikroplastik auf. Da wir Menschen Fische essen, landet das Mikroplastik bei uns auf dem Teller. Wissenschaftler und Wissenschaftlerinnen haben herausgefunden, dass manche Menschen bis zu 5 Gramm Mikroplastik pro Woche essen und trinken. So viel wiegt eine Bankkarte!

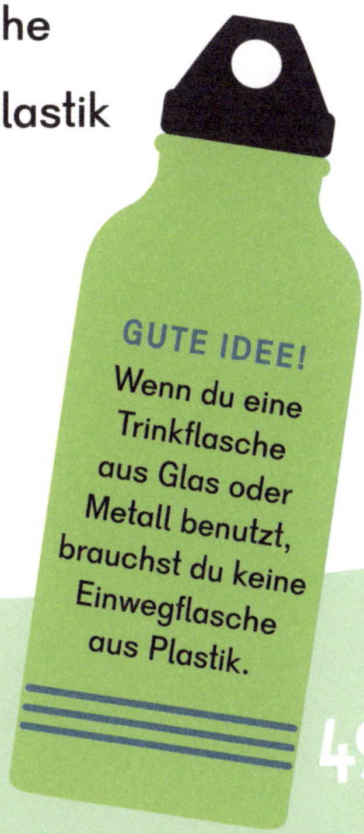


**5 GRAMM**
Ob die etwa 5 Gramm Mikroplastik, die wir verschlucken, uns krank machen, ist noch nicht erforscht.

# LUFT UND GRENZEN

Saubere Luft gehört niemandem allein. Leider blasen Autos, Häuser, Müllverbrennungsanlagen, Kraftwerke, Fabriken und auch die Landwirtschaft ihren Dreck hinein. Der Dreck weht auch über die Grenze ins Nachbarland. Die Länder der Europäischen Union haben sich auf einheitliche Regeln zur Luftverschmutzung geeinigt.

**DIE EUROPÄISCHE UNION**
ist ein Zusammenschluss von 27 Ländern in Europa.

**DRECK IN DER LUFT**
heißt, dass in der Luft gefährliches Gas und Feinstaub sind. Der Feinstaub ist nicht zu sehen, wird aber mit eingeatmet. Das kann krank machen.

In diesen Regeln ist festgelegt, wie viel Schmutz in der Luft sein darf. Das ist keine schlechte Idee. Wenn sich alle Länder daran halten würden, wäre die Luft in ganz Europa sauberer. Allerdings werden diese Grenzwerte in vielen Ländern immer wieder überschritten. Solche Länder können vor dem Europäischen Gerichtshof verklagt werden und müssen Strafen bezahlen.

**DER GRENZWERT**
bestimmt, welche Menge eines Schadstoffs in die Umwelt gelangen darf.

**DER EUROPÄISCHE GERICHTSHOF**
ist das oberste Gericht der Europäischen Union. Die Richterinnen und Richter urteilen, ob ein Land gegen Regeln der EU verstoßen hat.

Super gelesen

# AUF ZUM RÄTSELSPAẞ!

1. Drei Länder schützen gemeinsam das Wattenmeer in der Nordsee. Welche? Kreise sie ein!

ENGLAND FRANKREICH
LEGOLAND DÄNEMARK
DEUTSCHLAND NIEDERLANDE
BELGIEN SCHWEDEN SPANIEN
USA RUSSLAND FINNLAND

2. Was schwimmt denn da im Buchstaben-Eimer zwischen den Fischen?

## 3. Warum gibt es in Deutschland wieder Wölfe?

a) ☐ Weil sie nicht mehr gejagt werden dürfen.

b) ☐ Weil sie aus den Zoos ausgebrochen sind.

c) ☐ In Deutschland gibt es gar keine Wölfe.

## 4. Das Leselabyrinth

**Führe den Radfahrer auf dem direkten Weg zum Ziel und sammle die Buchstaben auf diesem Weg ein. Welches Wort ergeben sie?**

Lösungen: 1. Dänemark, Deutschland, Niederlande; 2. Mikroplastik; 3. a) ist richtig.; 4. Luft

# WELTWEIT

# FÜR DIE ERDE

# UMWELTSCHUTZ ÜBERALL

Viele Umweltprobleme gehen die ganze Erde,
alle Regierungen und alle Menschen an.
Das größte Problem ist der Klimawandel.
Denn es gibt keinen Ersatz-Planeten,
auf den wir flüchten könnten.
Viele Schülerinnen und Schüler demonstrieren
darum freitags für mehr Klimaschutz.
Überall auf der Welt.

**DIE SCHÜLERIN,**
die in Schweden damit angefangen hat, für Maßnahmen gegen den Klimawandel zu demonstrieren, heißt Greta Thunberg.

**FREITAGS**
Weil es bei den Demonstrationen um die Zukunft geht und sie immer freitags stattfinden, heißen sie „Freitage für die Zukunft" – auf Englisch: Fridays for Future.

Eigentlich wissen wir schon ziemlich lange, was wir für das Klima tun müssen: Wir dürfen nicht mehr so viele klimaschädliche Gase in die Luft blasen. Und zwar in keinem einzigen Land der Erde. Das hören alle Regierungen auf jeder **Klimakonferenz.** Aber kann man so eine **weltweite Einigung** überhaupt hinkriegen?

Ja! Man kann. Und die Menschen haben das sogar schon mal geschafft.

**DIE KLIMAKONFERENZ**
Jedes Jahr findet eine große Versammlung statt. Dort sprechen Politikerinnen und Politiker aus aller Welt über den Klimawandel.

**DIE WELTWEITE EINIGUNG**
Dass sich alle Länder der Welt in etwas einig sind, ist nur selten der Fall.

# DAS OZONLOCH

Der Kampf gegen das Ozonloch ist ein Beispiel dafür, dass Menschen auf der ganzen Welt für den Umweltschutz zusammenarbeiten können. Die Ozonschicht filtert einen Teil der Sonnenstrahlen. Das Loch in dieser Schutzschicht ist durch Gase entstanden, die wir Menschen hergestellt haben.

**OZON**
ist ein Gas. In oberen Luftschichten schützt es die Erde vor Strahlen.

Ein Teil der **SONNENSTRAHLEN** ist für Pflanzen, Tiere und Menschen gefährlich.

Einige der schädlichsten Gase sind im Jahr 1987 weltweit verboten worden. Dadurch konnte sich ein Teil der Ozonschicht erholen. Aber bis sie wieder vollständig in Ordnung ist, dauert es noch viele Jahre. Es gibt noch andere Gase in der Luft, die sie angreifen. Die sollten natürlich auch noch reduziert werden.

**1987**
schlossen viele Staaten in Montreal einen Vertrag zum Schutz der Ozonschicht.

**VIELE JAHRE**
Wissenschaftler und Wissenschaftlerinnen vermuten, dass sich das Ozonloch bis zum Jahr 2070 dauerhaft schließen wird.

# DER REGENWALD

Eine so gute Zusammenarbeit vieler Länder brauchen auch die tropischen Regenwälder. Denn sie speichern viel $CO_2$. Außerdem leben dort sehr viele verschiedene Tiere und Pflanzen. Aber jedes Jahr holzen Menschen weite Teile dieser wertvollen Wälder ab. Durch die Abholzung sterben viele Tier- und Pflanzenarten aus.

Die Hälfte des **REGENWALDES** auf der Erde ist seit 1950 verschwunden.

**DAS ABHOLZEN**
Mit Motorsägen fällen die Menschen die Bäume.

**SPEICHER**
Pflanzen nehmen $CO_2$ auf. Den Kohlenstoff aus dem $CO_2$ verwandeln sie in Holz. Den Sauerstoff geben sie wieder ab in die Luft.

Das Holz der Bäume wird verkauft.
Auf dem fruchtbaren Boden wird Soja oder Futter für Rinder angebaut.
Auf manchen Flächen entstehen auch riesige Palmöl-Plantagen. Das Gegenteil wäre klug:
Wir müssen neue Bäume pflanzen und den Regenwald schützen. Einige Verbände haben schon damit begonnen.

**DAS HOLZ**
wird auch für Papier gebraucht. Aus jedem fünften gefällten Baum weltweit wird Papier gemacht.

**DAS PALMÖL**
ist das Öl aus den Kernen der Ölpalme. Es steckt in Nussnugat-Cremes, Margarine, Eis und vielen anderen Lebensmitteln.

Super gelesen

# AUF ZUM RÄTSELSPAß!

1. Setze die Wörter in die weißen Felder ein. Es darf kein Feld frei bleiben.

KLIMA
REGENWALD
PALMÖL
ALLE
HOLZ
ERDE

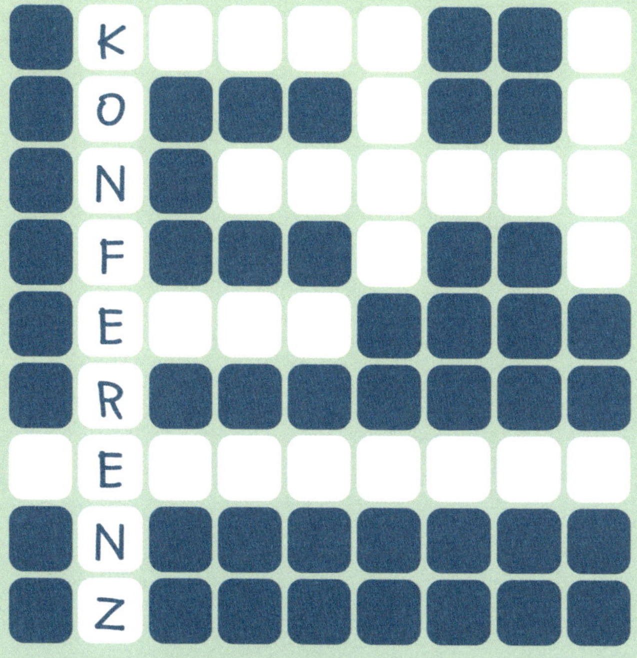

## 2. Finde die Wörter im Buchstabengitter: waagerecht, senkrecht und schräg!

**KLIMA · REGENWALD · OZONLOCH**
**PFLANZE · TIERE · UMWELTSCHUTZ**

| | | | | | | | | | | | | | | | | | | | |
|---|---|---|---|---|---|---|---|---|---|---|---|---|---|---|---|---|---|---|---|
| K | R | E | L | R | N | K | G | L | E | I | O | S | P | F | L | A | N | Z | E |
| R | E | G | E | N | W | A | L | D | S | T | Z | S | C | H | T | M | U | S | T |
| D | D | I | E | M | J | I | G | I | S | R | O | T | R | K | M | I | G | I | X |
| H | G | H | M | Z | H | J | U | K | M | L | N | U | S | T | Z | S | E | C | H |
| R | E | W | T | A | H | J | U | L | L | A | L | F | R | S | C | R | H | E | E |
| T | L | P | P | R | M | W | Q | A | R | T | O | R | Z | S | E | H | R | X | Y |
| G | R | A | R | R | J | L | I | S | C | C | C | H | R | E | I | R | R | T | T |
| U | G | U | U | M | W | E | L | T | S | C | H | U | T | Z | T | Z | U | T | R |

## 3. An welchem Wochentag hat Greta Thunberg in Schweden für das Klima demonstriert?

Sortiere die Buchstaben in der richtigen Reihenfolge und schreibe das Wort auf das Plakat.

A R F I E T G

Lösungen: 1. Waagerecht: Klima, Palmöl, Erde, Regenwald. Senkrecht: Konferenz, alle, Holz;
2. Waagerecht: Pflanze, Regenwald, Umweltschutz. Senkrecht: Ozonloch. Schräg: Klima, Tiere; 3. Freitag

**Bildnachweis**

l = links, r = rechts, M = Mitte, o = oben, u = unten
Dorina Tessmann: 12, 13, 35, 40 ;
9 mauritius images / FALKENSTEINFOTO / Alamy ; 56 mauritius images / Felix Strohbach ;
Shutterstock.com: VNS Gudeleva Nadezda, 1o Creative_Vector, 1M Matvienko Vladimir, 4u VectorShow, 5o Oleksandr Derevianko, 5ul Amanita Silvicora, 5ur VikiVector, 6/7l giSpate, 6/7M Christopher Wood, 6/7r Teo Tarras, 8ul digitmilk, 8ur Creative_Vector, 9 (Rahmen) Marharyta Pavliuk, 10 (Klebestreifen) digitmilk, 10l Christopher Wood, 10r Five-Birds Photography, 11 LenswOrld, 14ol vitaliy_73, 14oM 1981 Rustic Studio kan, 14or SAVE ANIMALS AND NATURE, 16/17l Romrodphoto, 16/17M nada54, 16/17r MOHAMED ABDULRAHEEM, 18/19 (Fischgräte, PET-Flasche, Mülleimer, Plastikbesteck, Glasflasche) Darkpuzzle, 18/19 (Papiertüte, Konservendose, Plastiktüte) Boyko.Pictures, 19u Maike Hildebrandt, 20 Studio Peace, 21 IhorZigor, 22ul males_design, 23 (Rahmen) Illerlok_xolms, 23 Radovan1, 24l barberry, 24r Marina Lohrbach, 25o nada54, 25u Vertyr, 26ur Dom Uccello, 26/27 (Bienen) Al-Tair, 27 (Foto) Minko Peev, 28Mr Yurchenko Yulia, 29 (Pingui) SAFalk, 29 (Löwe) Picsfive, 29 (Affe) BERMIX STUDIO, 29 (Schildkröte) JReizabal, 29 (Tiger) MASTER PHOTO 2017, 29 (Igel) Andrii Spy_k, 29 (Katze) Yellow Cat, 30/31l Mark Agnor, 30/31M Frank Kuschmierz, 30/31r DifferR, 32o azure1, 32u Palsur, 33l Somchai Som, 33r AlexLMX, 34l Canetti, 34r James Marvin Phelps, 36 Dmitry Kovalchuk, 37M Juergen Wackenhut, 37u Zentangle, 38l Matiushenko Yelyzaveta, 38r Mascha Tace, 39l Darkpuzzle, 39r WinWin artlab, 41u Anton Shaparenko, 42/43l Frederick Doerschem, 42/43M AB Visual Arts, 42/43r Jearu, 44 emka74, 45M Vlada Cech, 45u Robert Adrian Hillman, 46 Pouakai Photos, 46/47u Klara Viskova, 47 ELARTEVIVEENTI, 48 (Lupe) MF production, 48 Pcess609, 49ol oculo, 49oM Glinskaja Olga, 49or mantrey.rain, 49u Busyok Creative, 50/51 (EU-Flagge) Uswa KDT, 51 r.kathesi, 52ul VectorShow, 52ur Yaran, 53ul jekin, 54/55l Halfpoint, 54/55M Vadim Sadovski, 54/55r Rich Carey, 56/57u V O R T E X, 58 Shipovalov Aleksandr, 59 Porcupen, 60 Ammit Jack, 60u Amanita Silvicora, 61 Rich Carey

**Bibliografische Information der Deutschen Nationalbibliothek**
Die Deutsche Nationalbibliothek verzeichnet diese Publikation in der Deutschen Nationalbibliografie; detaillierte bibliografische Daten sind im Internet über http://dnb.dnb.de abrufbar.



D C B A
Bibliographisches Institut GmbH,
Mecklenburgische Straße 53, 14197 Berlin

**Redaktionelle Leitung**
Simone Bahrenberg, Ina Koslowski, Kathrin Schwarz
**Redaktion**
Steffi Korda, Büro für Kinder- & Erwachsenen-literatur, Hamburg
**Autorin**
Lena Meltinger
**Illustrationen**
Dorina Tessmann

**Herstellung** Maike Häßler, Uwe Pahnke
**Layout und Satz** formlabor, Hamburg
**Umschlaggestaltung** Kathrin Keienburg-Rees, Freiburg
**Umschlagabbildungen** PopTika/Shutterstock.com (Foto), Creative Stall from Noun Project (Icon Lesen), Dorina Tessmann (Rückenbild)
**Druck und Bindung** Firmengruppe APPL
Senefelderstraße 3–11, 86650 Wemding
Printed in Germany

ISBN 978-3-411-78000-6
www.duden.de

PEFC
PEFC/04-32-0928

**PEFC zertifiziert**
Dieses Produkt stammt aus nachhaltig bewirtschafteten Wäldern und kontrollierten Quellen.
www.pefc.de

# Dein Lesestart

ISBN 978-3-411-78000-6

ISBN 978-3-411-78003-7

ISBN 978-3-411-78001-3

ISBN 978-3-411-78002-0

Mit Lieblingsthemen die Lesefreude
und den Wortschatz von Kindern stärken

DUDEN

www.duden.de